Eugen Kühnemann

Kants und Schillers Begründung der Ästhetik

1.: Grundlagen der Asthetik Kants

Eugen Kühnemann

Kants und Schillers Begründung der Ästhetik
1.: Grundlagen der Asthetik Kants

ISBN/EAN: 9783743693708

Hergestellt in Europa, USA, Kanada, Australien, Japan

Cover: Foto ©Thomas Meinert / pixelio.de

Weitere Bücher finden Sie auf **www.hansebooks.com**

KANTS UND SCHILLERS

BEGRÜNDUNG

DER

ÄSTHETIK.

(I. GRUNDLAGEN DER ÄSTHETIK KANTS.)

———

HABILITATIONSSCHRIFT

EINER HOHEN PHILOSOPHISCHEN FAKULTÄT

DER

UNIVERSITÄT MARBURG

ZUR

ERLANGUNG DER VENIA LEGENDI

EINGEREICHT VON

DR. PHIL. EUGEN KÜHNEMANN.

MARBURG 1895.

Inhalt.

Notiz. Als Habilitationsschrift wird hier von diesen Untersuchungen nur ein Teil gedruckt. Das Ganze erscheint demnächst bei der C. H. Beck'schen Verlagsbuchhandlung Oskar Beck in München.

Einleitung.

Unter den Werken der Menschheit vollzieht die Zeit eine unerbittliche Auswahl. Es ist eine lohnende Aufgabe zu unter=suchen, was über ihre Dauer entscheidet. Heute — darf man wohl behaupten — steht es fest, daß die Kantischen Schriften die eigent=liche Schule alles philosophischen Denkens sind. Aber je mehr wir uns von dem Sprachgebrauch seiner Zeit entfernen, um so mehr werden sie uns in doppeltem Sinne zu einer ernsten Aufgabe und Pflicht. Wir müssen die Gedankenführung ableiten aus den Motiven, um jeden Gedanken zu begreifen nach seinem Leben in der Gesamtheit Kantischen Denkens. Wir ergreifen aber Gedanken und Motive nur, wenn wir selber ergriffen sind von den Bedürfnissen des lebendigen Problems. So aber ruft gleichsam das lebendige Weiter=arbeiten der Philosophie selbst in Kant den Führer herbei. Das Problem belehrt über den lebenskräftigen Inhalt seiner Werke. Der wunderbare systematische Überblick des Meisters seinerseits wird fruchtbar für die Führung des Problems. Sonst könnte die fein und dicht und zuweilen unübersichtlich gesponnene Terminologie der Kantischen Begriffe uns das Leben der Gedanken entziehen. Seine Sprache wird ein Hemmnis des philosophischen Begreifens. Wir dringen nicht in die zentrale Bewegung des Systems. Wir unter=schätzen seine Leistung für die beharrende Aufgabe der Philosophie. Aus den Motiven aber ergriffen, aus dem eigenen Erleben der Probleme in seinem eigentümlichen Leben erweckt, bleibt uns Kant

der Führer gerade um der Motive willen. Die auswählende Zeit
hat ihn bewahrt, weil er uns dies und nichts anderes lehrt: was
es heißt, ein Problem philosophisch zu fassen. Die Auswahl der
Momente, durch welche die Menschheit fortschreitend lernte, sich aus
sich selbst zu bewegen, in der Eigentümlichkeit ihrer Aufgaben sich
selbst zu finden: das ist die Geschichte des Geistes.

Der schöpferische Gedanke ist der Entdecker der geistigen Wirk=
lichkeit, selbst in die Vergangenheit hin. Wie könnte der Haufen
der Begriffe, der ein schriftstellerisches, ein philosophisches Werk
ausmacht, uns nach seiner Eigenheit und seinem Leben verständ=
lich werden, wenn wir in jenen nicht zu erkennen vermöchten, wie
sie hinzielen auf die lebendigen Aufgaben der Erkenntnis. Die
werdende Gestaltung der Probleme in der Vergangenheit enthüllt
sich dem allein, der in den Problemen der Gegenwart steht. Auch
die Vergangenheit ist keine kompakte Masse, deren Züge wir ab=
lesen. Sie ist wie alle Wirklichkeit nichts als unsere Vorstellung. In
welchem Sinne und wie sie den Charakter der Wirklichkeit empfangen
kann, das ist eine große und schwierige Frage, die nicht oft gestellt,
auf die noch minder befriedigend geantwortet ist. Aber sagen darf
man: der schöpferische Geist wirkt mehr noch auf die Vergangen=
heit als auf die Zukunft. Nur das bleibt von der Vergangenheit
für uns lebendig, was in seinen Leistungen als fruchtbar und zeugend
sich bewährt hat. Der gesamte Anblick der Vergangenheit wird
mit einem Schlage geändert, sobald in den Thaten des Genies
neue, eigentümliche, schöpferische Verbindungen der Ideen heraus=
getreten sind.

Wir erblicken für die Wirklichkeit der Ideen, gelte es nun
ihre Geschichte nachschaffend herzustellen, gelte es ihre philosophische
Bedeutung zu ergründen, ein wahres Zentrum in den Thaten
Kants. Unter ihnen steht wieder in besonderem Sinne zentral be=
deutsam die „Kritik der Urteilskraft" da. Schon ihre unmittelbare
Wirkung war eine gewaltige. Es ist bekannt, wie ihre Ideen —
man darf es aussprechen: mehr noch als die der anderen Werke —
die seltsamsten und kühnsten philosophischen Konzeptionen bei den

erſten Nachfolgern angeregt. Es bleibt unvergeßlich, wie ſie in Schiller — einer der wunderbarſten Prozeſſe deutſcher Geiſtes- und Seelengeſchichte — das eigentlich Schiller'ſche Leben entbanden, in ſeinen Dichtungen als fort und fort befruchtende Kraft zur Wirk= ſamkeit kamen und durch dieſe Dichtungen ein unverlierbarer Be= ſtandteil deutſchen Denkens und Fühlens geworden ſind.

Es lohnt, in präziſeſter Genauigkeit den Sinn der ſyſtema= tiſchen Begründung der Äſthetik durch Kant zum Bewußtſein zu bringen. Nicht den pſychologiſchen Vorgang der Entſtehung, ſon= dern den Bewußtſeinszuſtand Kants gleichſam, als er mit der Ein= fügung der „Kritik der Urteilskraft" in ſein Syſtem ſich im Ge= fühl der Vollendung ſeines kritiſchen Geſchäfts beruhigte. Wir werden der Arbeit des Syſtematikers nachgehen, die faſt als eine ſubtile Selbſterzeugung der Begriffe zu bezeichnen iſt. In ſeinen Diſpoſitionen brechen immer neue Fragen und Probleme auf, her= vorgerufen teils durch eine immer tiefere Verſenkung des Blicks, teils aber auch durch das drängende, faſt überſchüttende Nachwirken der in den früheren Teilen des Syſtems angelegten Gedanken und Begriffe. Es ſcheint, als ſollte die Bewegung nicht zur Ruhe kommen. Wir heften den Blick auf das wieder und wieder an= ſetzende fruchtbare Motiv. Dies faſſen wir feſt, ſo feſt und zugleich ſo weit es geht. Wo hat er den Anker geworfen und das Ende gefunden? Und iſt es auch der Ankergrund der Wiſſenſchaft?

I.

Kant.

1.

Einführung in das Problem.

Um die Kantische Ästhetik richtig zu verstehen, ist zuerst notwendig, ihre Voraussetzungen in der bisherigen Arbeit Kants zu vergegenwärtigen und zu fragen, was für das Problem der Ästhetik durch die bloße Thatsache der vorhergehenden systematischen Arbeit gewonnen war.

Da tritt sofort an erster Stelle entscheidend hervor, daß das Gebiet der ästhetischen Probleme als das einzige Gebiet neuer, für sich bestehender, mit den bisher gegründeten Prinzipien schlechterdings nicht erschöpfbarer Probleme übrig bleibt. In zwei großen Hauptteilen sind die Fragen der menschlichen Erkenntnis der Natur und der menschlichen Erkenntnis der Sittenwelt behandelt. Es gibt kein Bemühen des Erkennens, kein Streben und kein Gebilde des menschlichen Handelns, das hier nicht seine Prinzipien fände oder auf die hier gesäuberten Prinzipien sich zurückführen ließe, oder richtiger: das, sobald es nur auf seinen prinzipiellen Grund zurückgebracht, nicht als Stück und Ausführung der bisherigen Arbeit deutlich würde. In jenen achtziger Jahren ist Kant unermüdlich beschäftigt mit den speziellen Problemen der Sittlichkeit und der Naturerkenntnis. Er liest jedes Buch, das anthropologische Belehrung verspricht. Er denkt der Frage der allgemeinen Geschichte in weltbürgerlicher Absicht nach. Er bestimmt die Grundsätze naturwissenschaftlicher Teleologie. Nichts soll verkümmert werden in seinem

Recht. Er schafft für die immer neuen Fragen immer neue Be=
griffe und bezeichnet mit ihnen die Wege und Methoden des For=
schens. Er wendet sich mit gespannter Aufmerksamkeit den Gebieten
zu, auf denen die Gesetzlichkeit der Natur und die der Sittlichkeit
sich berühren, damit nur hier auf das genaueste unterschieden werde,
nichts als Naturwirkung gedeutet, was sittlicher Gesetzlichkeit ent=
springt, nichts als sittlich angesprochen, was als bloße Naturgesetz=
lichkeit zu betrachten ist. Noch in der „Kritik der Urteilskraft"
schärft er die Unterscheidung der technisch=praktischen Prinzipien von
den moralisch=praktischen ein. Jene gehören dem Gebiet der Natur,
diese dem der Freiheit an. Aber alle diese Untersuchungen treten
nicht in neu=schöpferischer Eigenkraft aus dem Rahmen der „Kritik
der reinen Vernunft" und der „Kritik der praktischen Vernunft"
heraus. Nur das ästhetische Verhalten des Geistes findet in diesem
keinen Platz. Weder als Schaffen noch als Genuß der Schönheit.
Nicht dem Erkennen der Natur, nicht dem Handeln der Sittlichkeit
ist dieses einzuordnen. Oder so sehr es teilhaben mag an der Ge=
setzlichkeit der Natur sowohl wie an der der Freiheit, seine wirk=
liche Erkenntnis ist nicht zu begründen auf die Prinzipien, die diese
tragen. Es ist seinem wesentlichen Inhalt nach nicht zu erzeugen
aus den Gedanken, die für Natur und Sittlichkeit sich als Prin=
zipien ergaben. Es ist ein neues, ein eigenes Problem der Er=
kenntnis.

Schon dieses erste, gleichsam vor der Untersuchung feststehende
Ergebnis, für Kant ein gegebenes Element infolge der präzisen
Fassung der Probleme des Erkennens und der Sittlichkeit, ist von
unermeßlicher Bedeutung. Es geht nicht an, das ästhetische Gefühl
als eine Art des Erkennens, etwa als verworrene Vorbereitung der
deutlichen Erkenntnis zu behandeln. War es doch Kant selber, der
die unbillige Auffassung der Sinnlichkeit und ihrer Empfindungen
als eines noch verworrenen, undeutlichen Denkens aufhob und in
ihr eine eigene Quelle der Erkenntnis auszusondern und anzuerkennen
lehrte. Er wird nun noch das ästhetische Gefühl nach seinem
eigenen Inhalt kennen lehren und aus der unklaren Verschlingung

mit den Sinnengefühlen lösen. Noch weniger aber darf das Gefühl der Schönheit einbezogen werden in das eigentümlich sittliche
Leben, der übergeordneten Gesetzlichkeit dieses Gebietes sich als Teil
unterstellen. Nicht als Motiv. Das sittliche Handeln verschmäht
die Unterstützung durch die ästhetischen Gefühle; es beruht einzig
auf seinem eigenen unbedingten Gesetz. Nicht als ein Stück der
Verwirklichung der Sittenwelt. Die Wirklichkeit der sittlichen Welt
bleibt ewig eine Idee; sie verwirklicht sich nur im unendlichen
Handeln. Sie ist nur als das zeugende Gesetz immer neuer Gebilde, die sein sollen. Und so bedeutet dieser erste Ansatz, dieser
erste Vorgewinn der ästhetischen Untersuchung nichts Geringeres als
dies, was noch niemals in der Welt gewesen: die Befreiung der
ästhetischen Wissenschaft und das heißt, nicht allein nach dem echten
Begriff philosophischer Forschung, sondern überhaupt nach dem Zusammenhang der Thätigkeiten im menschlichen Bewußtsein: die
Befreiung der ästhetischen Kultur. Das Schönheitschaffen und
Schönheitgenießen, das Kunstbilden und Kunstempfangen — es ist
ein Gebiet für sich mit eigenem Inhalt, mit eigenen Gesetzen,
niemand anderem unterworfen als dem eigenen Gesetz.

Wie also ist dieses Gebiet in philosophischer Erkenntnis zu
fassen? Hier ergiebt sich nach der bisherigen Arbeit Kants ein
zweiter Punkt von nicht geringerer Wichtigkeit. Um es mit dem
allgemeinsten Ausdruck hervorzuheben, wir werden die philosophische
Begründung gewinnen ausschließlich durch die Feststellung von Thatsachen oder von Thätigkeitsweisen des Geistes. Es handelt sich
doch auch hier um den kopernikanischen Umschwung der Denkungs-
art. Wo es sich um die Erkenntnis der Dinge handelte, hat es
sich ein für alle Mal ergeben: die Analyse der Objekte allein giebt
kein Kriterium für menschliche Erkenntnisgewißheit ab. Wir Menschen
— das ist der einfache Ausgangspunkt alles philosophischen Denkens
— besitzen die Welt nur im menschlichen Geist. Wir haben nicht
die Dinge, wir haben nur Erscheinungen. Die Welt der Objekte
kann für uns nichts anderes sein als die in konstanten Verbindungen,
in Gesetzen geordneten Erscheinungen. Die ungeregelte Folge der

Erscheinungen ist der Ausgangspunkt, das in Gesetzen geordnete Ganze der Erfahrung ist der Zielpunkt des menschlichen Verstandes. Welches sind die Bedingungen, unter denen allein eine Erfahrung möglich ist, die Bedingungen der Möglichkeit der Erfahrung? Sie, ohne die niemals die ungeregelte Vielheit der Erscheinungen sich in der Einheit der Gesetze ordnete. Die also eben so sehr und in sich selber Grundgesetze des Verstandes sind und Grundgesetze der Natur. Denn die Bedingungen der Möglichkeit der Erfahrung sind auch die Bedingungen der Möglichkeit der Gegenstände der Erfahrung. Was sagen wir damit aus, wenn wir unsere Vorstellungen auf einen Gegenstand bezogen glauben? Dies, daß der Verbindung der Vorstellungen ein Charakter der Notwendigkeit inne wohnt. Nun, die Bedingungen der Möglichkeit der Erfahrung, die Grundgesetze des Verstandes — sie sind nichts anderes als die Vorgänge innerer Bildung, in denen die Verbindung der Vorstellungen den Charakter der Notwendigkeit erhält. Mit ihnen also entsteht aus den Erscheinungen das Objekt, das Objekt der Erfahrung. Wir erringen mit ihnen diese Erkenntnis: ohne sie keine Erfahrung, das heißt ohne sie kein Objekt und kein Verstand. Ich weise nur mit Einem Wort auf jene erhabene Auflösung des Grundproblems der Erkenntnis, in der diese Begriffe in gewissem Sinne als identisch erwiesen werden: Gegenstand, Verstand und Natur, sich zusammenfassend zugleich und erfüllend in dem Einen Grundbegriffe der Erfahrung. Denn Natur ist das in notwendigen Gesetzen gefaßte Ganze der Erscheinungen. Der Gegenstand aber besteht nur in diesen notwendigen Gesetzen; in dem gesetzlichen All der Natur nur ist der Gegenstand. Der Verstand endlich ist die Einheit der Verknüpfung der Erscheinungen in Gesetzen. Oder — um es anders zu fassen — der Verstand erzeugt in jedem Gegenstand seiner Gesetzesrealität nach die Natur. Erfahrung aber ist, jeden Gegenstand in seiner Realität ergründend, die als Produkt des Verstandes in ihrer Gesetzlichkeit vergegenwärtigte Natur. Das war der erste Gewinn philosophischer Einsicht, herausgearbeitet schon aus der philosophischen Besinnung, in Thatsachen des Geistes die

erste gegebene Realität zu suchen: daß mit einander erzeugt wurden
Verstand, Gegenstand und Natur.

Nicht anders in der Ethik. Wenn unfraglich alle Gebilde
des sittlichen Lebens Erzeugnisse des Menschen in seinem Handeln
sind, so werden wir auch hier das Gesetz des Handelns, das Gesetz,
in dem die Gebilde entstehen, im Menschen suchen. Mag es auch
nach Art und Begründung von den Naturgesetzen durchaus unter=
schieden sein. Und wir finden das Gesetz in der Idee der Mensch=
heit, in der Persönlichkeit, die als Zweck an sich selbst in ihrem
Handeln sich verwirklichen soll. Mit der Menschheit ist die Aufgabe
einer Gesellschaft gegeben, in der alle Individuen leben und wirken
als Zwecke an sich selbst. Ein solches Leben aller wäre die Sitt=
lichkeit, ein solches Leben aus dem eigenen Gesetz ist die Freiheit.
Die Freiheit ist das Wesen und Gesetz der Menschheit und vollendet
sich in ihrem Erzeugnis, der idealen Gesellschaft.

Wenn also erstens nach der bisherigen Arbeit Kants die
ästhetischen Phänomene ohne allen Zweifel überbleiben als das letzte
Gebiet für sich bestehender Probleme, so ergiebt sich zweitens eben=
so zweifellos nach der bisherigen Arbeit Kants für den Angriff des
Problems ein Ansatz der Methode: er wird im menschlichen Geist
den Vorgang suchen, in dem das ästhetische Verhalten besteht. Er
wird in einer eigentümlichen Gesetzlichkeit des Geistes die Welt der
ästhetischen Phänomene begründet sehen. Denn die Welt ist nur im
menschlichen Geist.

Aus diesen beiden Vordersätzen aber ergiebt sich ein drittes,
das für das Verständnis der Kantischen Aesthetik von schlechterdings
einziger Bedeutung ist. Wollen wir sie zunächst einmal verstehen
im Geiste Kants, sie hervorgehen sehen aus den Motiven seiner
schöpferischen Einsicht, so müssen wir die unvergleichliche Wichtigkeit
dieser Thatsache begreifen: daß Kant seine Ästhetik beginnt als
eine Untersuchung der ästhetischen Urteile, daß er an erster Stelle
die logischen Eigentümlichkeiten der ästhetischen Urteile sucht. Er ist
gewiß, von hier aus einzugehen in das Herz und Zentrum des
Problems. Vergegenwärtigen wir uns die fruchtbare, die zeugende,

die in der Arbeit selber immer wieder sich stärkende Beziehung, in der Kant die gesamte Arbeit der Philosophie zur Arbeit der Logik sieht. Diese Beziehung ist wie mit ihm geboren. Sie ist eine innerste Überzeugung seines schaffenden Geistes. Jeder Fortschritt der Erkenntniskritik ist ein Fortschritt der Logik. Jede wirkliche Bereicherung unserer Kenntnis logischer Beziehungen wird unmittelbar auch fruchtbar für die Erkenntnis des Inhalt zeugenden, des Kultur schaffenden Geistes. In einer grundsätzlichen Unterscheidung der Urteile sieht er — mit Recht — das Ergebnis seiner gesamten Arbeit enthalten, in der Unterscheidung nämlich der synthetischen und der analytischen. Analytisch sind die Urteile, die, logisch unanfechtbar, doch keinen wirklichen Gewinn der Erkenntnis enthalten, weil sie nicht in den methodischen Bedingungen der Erfahrung gegründet sind. So z. B. alle Urteile dogmatischer Metaphysik, welche durch die in jener Unterscheidung zusammengefaßte Untersuchung in ihrer Wurzel vernichtet wird. Synthetisch sind die Urteile mit selbständigem Erkenntniswert. Überhaupt aber darf man ja eigentlich die ganze Arbeit Kants betrachten als einen Abriß des Systems der transscendentalen Logik. Denn Kants Ethik und Ästhetik sind nichts als die positive Ausgestaltung der Ideenlehre, also der transscendentalen Dialektik, gehören also in den zweiten großen Teil der transscendentalen Logik hinein. Diese Beziehung ist im Innersten der Kantischen Methodik begründet. Wenn die Gesetze des Verstandes die allgemeinen Gesetze der Natur sind, so muß es auch möglich sein, von allem besonderen, einzelnen Inhalt abgesehen, die allgemeinsten Beziehungen zwischen Vorstellungen festzuhalten, alle Merkmale von Begriffen wie in einer Tafel aufzunehmen, alle Möglichkeiten von Urteilen, gleichfalls in einer Tafel, zu erschöpfen. Diese Bemühungen sind einerseits gleichsam das Äußerste und Letzte der philosophischen Erkenntnis. Sie bringen nur in der leeren Urteilsform, nur im Verstandesbegriff zum Bewußtsein, was, mit dem Materiale der Sinnlichkeit erfüllt, als konstitutive Urkraft des Verstandes in den reinen Anschauungen den Gegenstand und die Natur erzeugt. Andererseits enthalten sie doch schon die lebendige Beziehung auf Art und Inhalt der Erkenntnisgebiete. Sie sind nur möglich in einer Konzeption, die gleichzeitig das Ganze der Erfahrung in ihre Bedingungen zerlegt und diese Bedingungen in methodischer Arbeit der Abstraktion wieder vergegenwärtigt nach ihrer logischen Struktur. Eine gegenseitige Befruchtung erkenntniskritischer und logischer Arbeit. Auch die Ideen werden in ihrer logischen Besonderheit charakterisiert. Diese logische Mitarbeit ist wie eine beständig begleitende Kontrolle, wie eine letzte Schule des Verstandes. Sie ist recht das Merkmal des rein philosophisch interessierten Geistes. Und so begreift man im Sinne Kants seinen Ansatz der Untersuchung als einer Untersuchung der ästhetischen Urteile auf die logischen Merkmale ihrer Eigentümlichkeit. Ist erst gefunden, was sie von den Erkenntnisurteilen, was sie von den moralischen Urteilen unterscheidet, so wird das — diese Zuversicht besteht nach der vorhergehenden Arbeit Kants zu Recht — über ihren Ort im System der Erkenntnis belehren und auf ihr Prinzip schließen lassen. Wer übersieht, aus welchen Prinzipien die Urteile der Erkenntnis und die der Sittlichkeit fließen und wie weit ihre Geltung reicht, der wird, wenn er die Charakteristik der ästhetischen Urteile nach ihren Unterschieden von jenen in der Hand hält, mit dieser Charakteristik auch für sie Prinzip und Geltungsart gewinnen.

An einer Stelle der „Kritik der praktischen Vernunft" (Kehrbach) S. 128, 129) rühmt Kant die wissenschaftliche Maxime, in jeder Untersuchung mit aller möglichen Offenheit und Genauigkeit seinen Gang ungestört fortzusetzen, ohne sich an das zu kehren, wowider sie außer ihrem Felde etwa verstoßen möchte, sondern sie für sich allein wahr und vollständig zu vollführen. Er setzt hinzu, daß er bei diesem Verfahren in der „Kritik der praktischen Vernunft", zu den Prinzipien zurückstrebend, bei jedem Schritt den Anschluß an die Momente der theoretischen Vernunft wie von selbst gewonnen habe. Man denke an seinen Gang in der bewunderungswürdigen „Grundlegung zur Metaphysik der Sitten". Wie er hier von dem vulgären Urteil über sittliche Dinge ausgeht, es auf sein Prinzip zurückführt, in dem Sittengesetz das Unbedingte findet, das

unter den immer weiter bedingten Gesetzen der Natur im Gebiete der
Erfahrung nicht anzutreffen, das also allein im sittlichen Handeln des
Menschen wirklich wird, und endlich mit diesem Befunde abschließt,
daß in dem sittlichen Handeln der Menschen, da es zwar seinen
Naturwirkungen nach den Naturgesetzen ohne Abbruch untersteht,
aber seinem eigentümlichen Prinzip nach eines unbedingten Gesetzes
Erscheinung ist, eine Grenze der Erfahrung zu erkennen sei, etwas,
das, obzwar bedingt, doch die Grenzlinie des Unbedingten kennt-
lich macht. Die Menschheit in der Idee ist der Endzweck, der
keines andern als Bedingung seiner Möglichkeit bedarf. Das ist
eine Untersuchung, wie er sie rühmt, die von gegebenem Faktum
ausgehend in ungestörtem Fortgang sich in systematische Ergebnisse
endigt und die Formen des Systems in ihrer Fruchtbarkeit erweist.
Wir dürfen innerhalb des Kantischen Horizonts die „Analytik der
ästhetischen Urteilskraft" als die abschließende Fassung einer solchen
für sich und unbefangen begonnenen Untersuchung betrachten. Er
wählt den bewährten Ansatz: das Ausgehen von der Untersuchung
der Urteile im ästhetischen Gebiet. Er wird deren Befund auf-
nehmen und ihn im Fortgange der Forschung eingliedern in sein
System. Er hat nach der ganzen Anlage seiner Gedanken, nach
den bisherigen Erfahrungen mit diesem Ansatz bereits eine Art Gewähr des Gelingens.

　　Wir haben uns mit der Erwägung dieser drei Momente
nahezu ganz in den Gesichtspunkt hineingerückt, unter dem Kant
das Problem der Ästhetik erblicken mußte. Aber noch bleiben an
vierter Stelle einige besondere Bedürfnisse seiner Systematik zu er-
örtern über. Wirkt doch die gesamte bisher geleistete Arbeit mit
an diesem letzten Teil. Wir heben nur die Punkte hervor, die
auf die besondere Gestaltung der Ästhetik eingewirkt. Kant hat
in seiner Theorie der Erfahrung das Ganze der Natur zu Bewußtsein gebracht als unendliche Reihen von bedingter und immer wieder
bedingter Gesetzlichkeit. Er hat die Idee der Menschheit festgestellt
als den Endzweck, der, wenn Menschen sind, sein soll. Der Mensch
ist in der Natur. Er ist seinen Empfindungen, Vorstellungen,

Handlungen nach ein Stück Natur. Aber die gesetzlich bedingten Reihen der Naturwirkungen kennen keinen Zweck, geschweige den Endzweck. Das scheint eine brückenlose Kluft. Ist hier in unserem philosophischen Denken eine Lücke? oder findet sich ein Ansatz zur Lösung des Problems schon in dem, was wir geleistet? Nun, Kants erstes und beherrschendes Interesse bleibt immer noch das des rein wissenschaftlich gerichteten Kopfes, das Interesse an dem Typus der Wissenschaft, der mathematisch-mechanischen. Wo er den Unterschied des wissenschaftlichen Geistes vom künstlerischen Genie erörtert, bemerkt man deutlich, wie als eigentliche Wissenschaft, als das Gebiet, dem sein eigen Bemühen wesentlich gilt, die mathematische Naturwissenschaft ihm vorschwebt. Er spricht an jener Stelle von Newton (Kritik der Urteilskraft, Kehrbach S. 175). Wie sehr er noch jetzt in erster Linie auf die Erzeugung der Natur aus ihrer Gesetzlichkeit gerichtet ist, das beweist recht die Zusammenspannung der ästhetischen mit der teleologischen Urteilskraft. Man kann zweifeln, ob sein natürlicher Anteil an der letzteren nicht größer ist. Denn auch die Erörterungen der Einleitung der „Kritik der Urteilskraft" über die Mittlerstellung der Urteilskraft zwischen der Gesetzgebung des Verstandes in der Natur und der Gesetzgebung der Vernunft in der Freiheit, — auch diese Erörterungen gelten ebensosehr der teleologischen wie der ästhetischen Urteilskraft. Die teleologische hat der Lehre von den Naturzwecken eine wissenschaftliche Fassung zu geben. Sie hat die Erforschung der Organismen auf gegründete Prinzipien zurückzuführen. Da wird von Kant die Hindeutung der Natur selbst auf Zwecke als eine Überleitung zum Endzweck begrüßt, gleichsam, als bekenne die Natur in ihrer eigenen Gesetzlichkeit sich fähig der Gestaltung zum Endzweck aus menschlicher Vernunft. Sogar den Satz haben beide zu teilen, es müsse geben einen Grund der Einheit des Übersinnlichen, was der Natur zu Grunde liegt, mit dem, was der Freiheitsbegriff praktisch enthält. Denn er ist sicherlich mit zu beziehen auf die letzten Paragraphen der „Kritik der teleologischen Urteilskraft", die den Gottesglauben behandeln. Dennoch mag das in solchen Worten enthaltene Prinzip mit besonderer Innigkeit der ästhetischen Urteilskraft eignen. In einem solchen Satze verbirgt sich das eigentliche Rätsel. Denn in einem solchen Satze verrät sich der Ort der Untersuchung im System. Wir sprechen von schönen Gegenständen. Es sind also doch Gegenstände. Sie gehören also doch sofern zur Natur. Aber sie sind nicht Natur. Was sie sind, ist in seiner Eigentümlichkeit nicht zu erledigen, selbst wenn es einmal gelänge, sie als Gegenstände ganz aufzulösen in die Gesetzlichkeit der Natur. Ja, was sind sie denn? Sie sind ebensowenig Sittlichkeit. Sie können es nicht sein. Sie sind ja Gegenstände. Was sind sie? Hier ist die offene Frage, die der Antwort harrt. Der Erfahrung angehörig, doch keine Erfahrung, auch keine Freiheit. Eine offene Frage, die sich hartnäckiger erweisen wird, als die Frage der Teleologie. Denn diese löst sich dahin, daß der Zweck nicht ist in der Natur, sondern in der Vernunft, eine Idee nämlich der Vernunft, eine Maxime der Forschung für die organischen Gebilde. Sie lehrt, diese zunächst einmal hinzunehmen, als wären sie nach einem Zweck gestaltet, bis es gelingt, das Ineinanderwirken der mechanischen Gesetzlichkeiten auseinanderzulegen, welche sie in ihrer Bewegung konstituieren. Sie isoliert ein Problem, um es sicherer zu fassen. Aber in ihr wirkt und saugt gleichsam immerdar das Ideal der mechanischen Gesetzlichkeit der Erfahrung. Es ist also in der Idee doch wenigstens möglich, sie aufgehoben zu denken in dem vollendeten Ganzen der Erfahrung. Die Teleologie ist eine Grenze, die mit der Ausbreitung des Reichs verschwinden kann. Dann aber behauptet seinem innersten prinzipiellen Gehalt nach die ästhetische Urteilskraft allein jenen vielbesagenden Satz von der Verbindung der Natur mit der Freiheit im Übersinnlichen. Sie besteht als eine Grenze, an der nicht zu rütteln ist. Sie ist eine Grenze in der Vernunft selbst. Sie bleibt, und mag die Anspannung des Verstandes von allen Seiten nach ihr greifen und der Anspruch der Sittlichkeit die Hand nach ihr strecken. Sie ist eine Frage und eine Gesetzlichkeit in sich selbst wie das Verstandesgesetz in der Natur, wie das Vernunftgesetz in der Sittlichkeit. Mag daher jener Satz, der die Urteilskraft aus dem Gebiet der Erfahrung gleich sehr herausrückt wie aus dem der Sittlichkeit, sich bei weiterer Vertiefung erklären wie er will, er erklärt der Ästhetik ihr eigenes Recht. Er gehört wesentlich ihr allein. Er bedarf noch der eindringendsten Erklärung. Aber vielleicht liegt in ihm das Prinzip, das die eigentümliche wissenschaftliche Stellung der Ästhetik herausbringt, damit zugleich die Kraft, die sie aus der unnatürlichen Verschlingung mit der teleologischen Urteilskraft löst. Hier mag der Keim der neuen, eigentlich schöpferischen Gedanken sein, welche die Ästhetik als eigene Wissenschaft begründen.

Nach diesen Vorbereitungen erst erkennen wir, wie das ästhetische Problem in den Gesichtskreis Kants getreten. Wie es in selbständiger Eigenheit sich aufdrängt und von ihm gefaßt wird mit einem Griff, der an sich schon eine Art Gelingen ist. Denn sicherlich allein in dem Verhalten des Geistes kann die Lösung der Probleme der Ästhetik gefunden werden. Auch die Welt des Ästhetischen ist zunächst nur ein Phänomen des Bewußtseins. Wie aber zugleich das ästhetische Problem in Kants Geiste doppelt und beide Male in derselben Richtung gedrückt erscheint. Der Beginn der Untersuchung als einer Untersuchung der Urteile, ferner das starke Interesse an der Erzeugung der Objekte der Natur — beide mögen das Problem der Ästhetik zu sehr festhalten in der Richtung der Probleme des Naturerkennens. In der noch dunkeln Beziehung auf das Übersinnliche blickt vielleicht die Aufgabe neuer Prinzipien durch. Die Frage ist, wie in diesem Geiste erfaßt die Lösung des Problems sich dargestellt, und was diese Lösung bedeutet vor dem doppelten Gericht der Philosophie und der ästhetischen Kultur.

<hr>

2.
Die Begründung der Ästhetik.

Wir werden uns allein halten an die Entwickelung der begründenden Begriffe.

a. Isolierung des zentralen Problems.

Die „Kritik der Urteilskraft" ist ja wie wenige ein anregendes Buch gewesen. Kaum ein Kapitel, das nicht die Denker beschäftigt hat. Keins, in dem es nicht verlohnte, der inneren Entstehung aus der Kantischen Begriffsarbeit nachzugehen und die Tragweite der Gedanken in der nachfolgenden Entwickelung zu erproben. Die ver= gleichenden Betrachtungen des Angenehmen, Guten, Schönen und Erhabenen, selber die Nachfolger lange beliebter Gedankenspiele, haben zu immer neuen Vergleichen gereizt. Man fand sich frucht= bar beschäftigt durch die Abschnitte über die gesellige Bedeutung des Schönen. Voll unmittelbaren Reizes sind die Seiten über die Naturschönheit und ihre Beziehung auf moralische Ideen. Immer neue Betrachtungen schlossen sich an den flüchtig hingeworfenen Wink von der symbolischen Wirkung der Farben und Töne. Es wehte eine geradezu begeisternde Kraft aus den späteren Paragraphen mit ihrer seltenen Mischung von Strenge und Freiheit, die den Mechanismus der Regeln scharf betonten, aber in dem freien Schaffen des Genies die eigentliche Quelle der Kunst und des Schönen verstanden. Der Geist muß frei sein in der Kunst und belebt allein das Werk. Zu schweigen ganz von so manchem kurzen, schlichten Wort, das für sich allein eine historische That war, wie wenn der Begriff der schönen Wissenschaft ein für alle= mal aus der Welt verschwand und die Kunst in ihrer Freiheit und ihrem Sonderrecht als die einzige rechtmäßige Herrin des Schönen erklärt ward. Wohin man griff, rührte der feinste Spür= sinn alle Fragen der ästhetischen Wirkung, der ästhetischen Betrach= tung, des ästhetischen Schaffens auf, andeutend, nachbessernd, nach= holend, niemals ermüdend und immer im großen Zusammenhang einer Weltanschauung, in der die philosophische Methode zum ersten Male rein an das Licht trat. Es waren Anregungen, die vor allem dem echten und großen Künstler lohnten. Denn er fühlte, daß er durch keine seinem Berufe fremde Beimischung aufgehalten ward. Es bedurfte nur noch der inneren Belebung aus wirklichem, praktischem Kunstverstand, so arbeitete sich aus den Begriffen die

neue Wissenschaft rein heraus. Wer jenen Kunstverstand, die Er=
örterungen ergänzend und belebend, in sich trug, der bekam —
möchte man sagen — in diesem wunderbaren Buch den Überblick
und Genuß seiner selbst.

Unsere Aufgabe ist allein, aus den leitenden Begriffen heraus=
zuarbeiten, was in ihnen an eigentlich philosophischem Gehalte treibt.
Wer das Gesetz der Natur aufgewiesen im Verstande, das Gesetz
der Sittenwelt in der Vernunft, der allein wird auch das eigen=
tümliche Gesetz der ästhetischen Welt ergreifen. Was heißt das:
das Gesetz der Natur im Verstande? das Gesetz der Sittenwelt
in der Vernunft? Es heißt jenes: die Darlegung der Prozesse,
in denen allein eine gesetzlich gegründete Realität sich bildet und
schließt. Es heißt dieses: das Heraushaben der Idee, unter deren
Zugrundelegung allein das gesamte Leben der Menschheit faßbar
wird. Um Erkenntnisprinzipien handelt es sich in dem einen wie
in dem anderen Falle. Um nichts anderes. Nicht Moralvorschriften
und Regeln sind der Inhalt der Ethik. Ihr Inhalt ist die be=
sondere Gesetzlichkeit des Menschenlebens im Unterschied zugleich
von und innerhalb der allgemeinen Gesetzlichkeit der Natur. Die
Vorschriften der Moral sind nur eine Folgerung, und ihre Dis=
kussion entscheidet nichts für das Prinzip. Um nichts anderes als
um ein Erkenntnisprinzip bemüht sich auch die Grundlegung der
Ästhetik. Nicht den Geschmack will sie normieren. Nicht Vorschriften
sucht sie für das freie Schaffen der Kunst. Sie fragt allein: wie
es Gesetze gibt, ohne die die Realität der Natur nicht faßbar wäre
in der Erfahrung, wie es eine Idee gibt, ohne welche alle Erkennt=
nis des Menschenlebens ein unvollständiges und kritikloses Gemisch
psychologischer und anthropologischer Betrachtungen bliebe, gibt es
so auch ein Gesetz oder eine Idee, die wir zu Grunde legen müssen,
um die ganze eigentümliche Welt des ästhetischen Gefühls in allen
Erscheinungen (des Genusses sowohl wie des Schaffens) wissenschaft=
lich zu fassen? Man sieht, daß hier nicht vom Schönen und Er=
habenen die Rede ist. Hier ist die Rede vom ästhetischen Verhalten
des Geistes. Dieser Frage aber mit einziger Betonung nachzugehen,

berechtigt uns die Vorarbeit der Erkenntniskritik für die Natur und die Sittlichkeit. In dieser Frage steckt — für das Gebiet der Ästhetik — die philosophische Methode. Was sonst an historischem Stoff sich in die Erörterung drängen, sie erfüllen und belasten mag, wir halten uns an das Eine, gewiß, daß es der lebendige Kern ist. Dies Eine zu verfolgen und zu entwickeln ist unser, der Schüler Kants Recht und Pflicht.

Es ist historisch zu begreifen, daß die Kantische Ästhetik sich so oft zu thun macht mit dem Unterschied und den Beziehungen zwischen dem Angenehmen und dem Schönen. Nicht nur in den beginnenden Seiten der Analytik. Auch später hat Kant viel von den angenehmen Ingredienzien des Schönen zu reden und sogar noch angenehme und schöne Kunst zu unterscheiden. Es wurde kaum bezweifelt, daß das Schöne eine Art des Angenehmen sei, wie dieses an die Sinne sich wende und mit dem Sinnengenuß sich in Verwandtschaftsbeziehung setzen lasse. Das ist für Kant un= möglich, sobald er der Ästhetik einen Platz vergönnt in der Trans= scendentalphilosophie. Diese enthält die der Menschheit notwendigen Urteile und erweist sie in ihrer Notwendigkeit durch ihre menschheit= lichen Voraussetzungen. Das Angenehme ist rein subjektiv, keiner allgemeinen Prinzipien fähig und erhebt keinen Anspruch auf sie. Tritt das ästhetische Urteil mit dem unbedingten Anspruch der All= gemeingültigkeit auf, so entscheidet dies allein, daß es von den Sinnen und ihrem Geschmack zu lösen und auf unabhängige Voraussetzungen zu gründen sei. Dabei verschließt sich Kant in seiner Unbefangenheit den wirklichen Beziehungen des Schönen zum Angenehmen nicht. Für uns ist diese Frage erledigt durch den Fortgang der ästhetischen Kultur. Wie wir auch die Frage der Geltung ästhetischer Urteile entscheiden mögen, — daß wir in ihnen als ihr Eigentümliches keine sinnliche Annehmlichkeit aussagen, ist gewiß. Wenn wir also freie Bahn gewinnen wollen, um den zeugenden Inhalt der ästhetischen Prinzipien Kants zu greifen, so fallen alle diese Erörterungen für uns beiseit.

Das Angenehme der Sinne hat nichts zu thun mit dem

Schönen. So fällt das seiner Richtigkeit gewisse Urteil des Mannes, der die Bedeutung des Anspruchs auf Allgemeingültigkeit seinem erkenntniskritischen Gehalt nach sich entwickelt hat. Aber die ab=schließende Ergründung der Erkenntnisurteile ist überhaupt das Palladium der Kantischen Forschung. Wir möchten sagen, daß dies auf jeder Seite zu spüren sei. Wir haben eine Stelle bereits erwähnt. Aber ihre Lehre wiederholt sich in allen Teilen. Die Erkenntnisurteile sind das Modell, in Vergleich zu dem die Eigen=tümlichkeit der ästhetischen hervortritt. Sie sind geradezu der Regu=lator der Charakteristik. Die Erkenntnisurteile erzeugen in mathe=matischer Anschauung den Begriff der gesetzlich geordneten Natur. Ihre den Begriff erzeugende Kraft ist die Bewährung ihrer Gültig=keit. Allgemeingültig wollen auch die ästhetischen sein. Was ent=halten sie nun von den Kriterien der Erkenntnisurteile? oder rich=tiger: wie wandeln sich in ihnen die Kriterien der Erkenntnisurteile ab? Durch die ganze Folge der Paragraphen blickt regelnd hin=durch das feste Gefüge der grundlegenden erkenntniskritischen Be=griffe. Ein Typus der Untersuchung, der zuerst einen Reichtum fruchtbarer Erkenntnis gibt, dann aber als eine zu enge Schranke für die Fülle der ästhetischen Welt sich erweist.

Das gerechte Vertrauen auf die in der Folge ihrer Momente erschöpfend sichere Charakteristik des Naturerkennens erklärt, da sie der letzte Grund für die Einsicht der Geltungsart aller Prinzipien ist, die Übertragung der Disposition der „Kritik der reinen Ver=nunft" auch auf die „Kritik der Urteilskraft". Sie erhält eine Analytik (mit einer Deduktion) und eine Dialektik u. s. f. Nun hat die Disposition in der „Kritik der reinen Vernunft" das Leben innerer Notwendigkeit. Wir haben die Erkenntnisbedingungen der Realität der Natur nicht gesichert in ihrer Reinheit, so sauber wir sie vielleicht in ihrem System und Zusammenhange dargestellt, so lange die übermächtigen Theorien der Metaphysik noch wuchern, die wie mit der Menschheit selber geboren scheinen und die die Erkenntnisbegriffe selbst in ihrem Grunde unterwühlen. Nun, indem wir sie aus ihrer Wurzel ableiten, erweisen wir sie als nichtig an dem zuvor gegründeten Ideal der reinen Erkenntnis. Aber auch nicht der geringe Keim der Richtigkeit in ihnen geht verloren. Er wird entwickelt. Er bewährt sich in einer idealen Erweiterung reiner Erkenntnis: in der Zusammenfassung der Gesetze der Natur zu der Idee des Ganzen der Erfahrung, in dem Hinausblick auf die ganz neue Gesetzlichkeit menschlichen Handelns in der Freiheit. Dem entspricht nun nichts in der „Kritik der Urteilskraft". Hier wird nicht erst die Gesetzlichkeit entwickelt, in der die neue Welt des Ästhetischen rein ersteht, um dann ewige Unreinheiten ästhetischer Gesetzlichkeit in ihrer Haltlosigkeit zu erweisen und auf ihren brauch= baren Kern zu säubern; einen Kern, der in neuen Gebieten, einer neuen Art der Kulturarbeit sich rein bewähren könnte. Es ist eine Übertragung des systematischen Schemas, weiter nichts. Individuell verständlich bei einem Manne, der den festen Grund seiner Forschung besitzt in dem Nachweis der Geltungsart unserer Erkenntnis der Natur. Und dennoch wie alles, was wahrhaft Echtem in echtem Geiste entstammt, und dennoch auch fruchtbar, wo keine innerliche Notwendigkeit zwingt. Denn das Schema lehrt, erst zu exponieren, dann das Prinzip zu entwickeln, dann der Begründung des Prinzips im System der Philosophie nachzugehen; nichts zu vergessen. Aber verwunderlich berührt es, zu erkennen, wie tiefer, selbst bis in die einzelnen Teile hinein die Gedanken und Dispositionen der früheren Forschung dringen, wie selbst im Einzelnen Kants Gedankenarbeit nicht verständlich ist als aus der vertrauenden Weiterbildung, Selbstentwicklung — möchten wir sagen — der Ideen, die in der grundlegenden Entdeckerthätigkeit sich befestigt haben.

Denn auch die Behandlung der Analytik selbst verrät sich einem schärferen Blick als eine Nachahmung der bewährten Dis= position. Das Schöne und das Erhabene sind die herkömmlichen Gegenstände ästhetischer Forschung. Bei Kant aber gerät die Ana= lytik des Schönen als ein Seitenstück der „Transscendentalen Ana= lytik", die „Analytik des Erhabenen" als ein Seitenstück der „Trans= scendentalen Dialektik". Denn die vulgären anthropologischen Be= schreibungen sind für Kant von minderem Wert. Anthropologie

2*

ist niemals Philosophie. Er sucht Prinzipien des Ästhetischen. Nun, Prinzipien gewann er in jener Disposition der Forschung. In der Analytik des Schönen ist die Rede vom Gegenstand und der Natur. Es ist, als wäre die Schönheit eine Eigenschaft der Gegenstände und der Natur. Es ist gleichsam eine ästhetische Er= zeugung des Gegenstandes und der Natur wie in der „Transscen= dentalen Analytik" eine erkenntniskritische. Im Gegensatz dazu handelt es sich beim Erhabenen allein um Ideen der Vernunft wie in der Dialektik. Geht doch die Nachahmung der Disposition noch weiter! Denn allerdings unterscheiden wir auch bei den Grundsätzen des reinen Verstandes mathematische und dynamische. Aber zu eigentlicher prinzipieller Bedeutung kommen diese Begriffe doch erst in der Dialektik, wo die mathematischen und dynamischen Ideen in der Antinomienlehre zu unterscheiden sind. Wir aber unterscheiden nunmehr das mathematisch= und das dynamisch=Er= habene. Es erhält damit die Idee des Übersinnlichen, die aus dem Gebiete des Erkennens herausgewiesen ward, eine Art Realität im ästhetischen Gefühl, ähnlich wie auch in der „Kritik der praktischen Vernunft" durchweg den in der „Dialektik der reinen Vernunft" ihrem Erkenntnisanspruch nach vernichteten Ideen in praktischer Beziehung Realität verschafft ward. Übrigens ist hier auch die Grundursache zu suchen, warum Kant das Erhabene den Gegenständen als Prä= dikat nicht zugestehen kann und es lediglich ins menschliche Gemüt verlegt. Die Dialektik vernichtet die Idee des Übersinnlichen für die Gegenstände und für die Natur und läßt ihr nur eine Art Geltung: als des übersinnlichen Substrats im menschlichen Gemüt.

Diese ganze Art der Gestaltung schreibt sich aus dem einen durchgehenden Grundgedanken der Forschung her, dem einzigen Suchen nach dem transscendentalen Prinzip. Es muß hier eine Gesetzlichkeit heraustreten für die Gegenstände der ästhetischen Welt gleich der Natur. Denn es ist hier ein letztes eigentümliches Gebiet der menschlichen Kultur; es ist hier eine letzte Art zeugenden Ver= haltens des Geistes. Und so wiederholt sich aus dem einfachen Begriff des schönen Gegenstandes heraus die Disposition für die

Begründung des Gegenstandes der Natur. So erscheint vielleicht bei dem Gedanken des Erhabenen zuerst in Kants Geiste die Idee der Erhabenheit unserer Bestimmung, dann die der unendlichen Größe. Und so gestaltet sich ein Gegenbild der Dialektik. Aber doch zeigt das alles ein gewisses Haften an den Formen der erkennenden Thätigkeit. Die Welt des Ästhetischen vermag nicht, den Philosophen, ganz losgelöst von fremdem Stoff, nur mit dem schöpferischen Grundprinzip hineinzuziehen in ihr eigenes Gesetz. Wir thun nicht mehr als die Entwicklung vollenden, die eben hierhin in allen Kantischen Begriffen zielt, wenn wir auch durch die Einteilung des Schönen und Erhabenen uns nicht gebunden achten, auf das ästhetische Verhalten allein gerichtet. Wir fragen dies Eine: was vermag Kantische Methode an dem neuen Problem des Ästhetischen?

b. Die Bedeutung der Urteilskraft.

Die Urteilskraft wird im Kantischen System zuerst eingeführt an der wichtigen Stelle des Übergangs zum System der Grundsätze des reinen Verstandes. Vorausgegangen ist die Darlegung der reinen Anschauungen, die als Anschauungen zum Gebiete der Einbildungskraft zu rechnen sind, und die der reinen Begriffe, der eigensten Leistung des Verstandes. Die Urteilskraft nun verbindet Einbildungskraft und Verstand. Sie bewährt sich im Schematismus der reinen Verstandesbegriffe und in dem System der Grundsätze des reinen Verstandes. Jener enthält gleichsam die reine Anschauungsform der Verstandesbegriffe, in welcher diese fähig werden, Inhalt zu erzeugen. Dieses, das System der Grundsätze, entfaltet nichts anderes als die notwendigen Gesetze des Verstandes, in welchen die allgemeine Gesetzlichkeit der Natur sich gründet. Es entwickelt in dem gesetzlich gegründeten Gegenstand der Natur den reinen Verstand. Richtiger: es stellt in der Gesetzlichkeit des reinen Gegenstandes die Gesetzlichkeit des Verstandes dar. Denn die Funktion der Darstellung ist der eigentlich wesentliche Inhalt der Urteilskraft. Die reine Natur ist — darf man sagen — die Darstellung des in den reinen Anschauungen arbeitenden Verstandes.

Das Ideal der in ihrer allgemeinen Gesetzlichkeit angeschauten Natur ist das fruchtbare Motiv all dieser Gedanken, all dieser methodischen Ansätze der Forschung.

Hier aber eröffnet sich sofort der Einblick in die innerlichste Beziehung der allgemeinen zu den besonderen Gesetzen der Natur. Die Bedingungen, ohne die keine Realität ist, sind dargelegt. Sie tragen die Gewähr ihrer Gültigkeit in sich selbst, darin, daß sie die Bedingungen der Möglichkeit der Erfahrung selber sind. Die Fülle der besonderen Erscheinungen bleibt über. Wie findet sich für sie ein Gesetz, eine Idee der Betrachtung? Sie muß ein Gesetz der Einheit besonderer Naturgesetze sein. Die besonderen Naturgesetze werden an einem Gegenstande, an einem Problem in ihrer Einheit gefaßt, um nach der Isolierung sie zurückführen zu können auf die allgemeine, die mathematisch-mechanische Gesetzlichkeit der Natur. Es leuchtet ein, wie dieselbe Urteilskraft zuerst die reine Darstellung der Natur und dann die Ergründung der besonderen Naturgesetze zu leisten hat und leisten muß. Das letztere ist nichts anderes als die völlige Durchführung des ersten, die Vollziehung der auf die letzten Prinzipien gegründeten reinen wissenschaftlichen Anschauung der Natur in immer neuen besonderen Erscheinungen, die Vollendung des Systems der reinen Erfahrung. Auch von einer praktischen Urteilskraft ist gelegentlich die Rede. Sie hat die Auswahl der Maxime zu leiten, nach der im einzelnen Fall das Objekt des Guten zu erreichen, mit der die allgemeine Gesetzlichkeit des reinen Willens im einzelnen Fall zu verwirklichen ist. Auch hier handelt es sich um die Frage der Darstellung der reinen Gesetzlichkeit, nur diesmal in der sittlichen Kultur, oder um die Frage der Vollendung der reinen sittlichen Gesellschaft im Fortschreiten menschlicher Arbeit.

Es gibt also eigentlich kaum einen Begriff, von dessen Wirksamkeit aus man den ganzen Umfang der Kantischen Gedankenrichtungen gleicher Weise übersieht wie von dem der Urteilskraft. Ist es gelungen, das allgemeine Gesetz zu finden, ohne welches die Realität nicht ist weder in der Natur noch in der Sittlichkeit, so hat die Urteilskraft nichts minderes zu thun als dieses Gesetz erkennend zu verwirklichen in der Gesamtheit menschlichen Forschens und Handelns. Zugleich erhellt an ihr mit zweifelloser Deutlichkeit, wie von den erkenntniskritischen Prinzipien aus die psychologischen Termini Kants ihren Inhalt bekommen.

Man sieht diesen mächtigen Verbindungsbegriff in der Idee vollziehen die Vollendung der menschlichen Arbeit in den Gesetzen und Ideen, die als die allgemeinen Gesetze der Natur, als das allgemeine Gesetz der Sittlichkeit fixiert sind. Man blickt von ihm aus auf die ganze künftige Gesetzlichkeit in der unübersehbaren Fülle aller Erscheinungen der Natur und der Sittlichkeit. Das Motiv, das in der Kantischen Idee der Urteilskraft treibt, ist das Motiv der transszendentalen Methode selbst. Diese will die Natur, will die Sittlichkeit hervorgehen lassen je aus dem allgemeinen Gesetz, ohne das die Realität der Natur, die Realität der Sittlichkeit für uns nicht faßbar wäre. Sie will dieses Gesetz ergreifen in seiner letzten Begründung im menschlichen Bewußtsein. Sie ist in sich die Entdeckung des reinen Begriffs der Philosophie; Philosophie aber — nach den Teilen, die wir bisher erledigt — nichts anderes als die Vergegenwärtigung der eigentlichen Realität der Natur und der Sittlichkeit in dem erzeugenden Gesetze des Bewußtseins. Nun enthält gerade der Begriff der Urteilskraft diese innerliche Beziehung des Geistes auf die Erzeugung der Natur und der Sittenwelt. Aber diesen beiden gegenüber bleibt sie doch nur ein dienender Begriff. Es fragt sich, ob die Urteilskraft auch ein Gebiet der eigenen Gesetzlichkeit beherrscht, so ihr eigen wie das Gebiet der Natur dem Verstande, das Gebiet der Freiheit der Vernunft. Es fragt sich, was für innere Beziehungen diese Gesetzlichkeit verknüpfen werden mit der Wirkungsweise der Urteilskraft im Gebiete der Natur und der Freiheit.

In der That gibt es innerlich begründeter Weise in der Kantischen Systematik keinen anderen Ort für das ästhetische Verhalten als die Region der Urteilskraft. Wir erkennen sofort, wie aus dem Typus der Naturanschauung Kants die Bestimmungen für die ästhetische Gesetzlichkeit sich lösen.

Das Urteil, in dem ich einen Gegenstand für schön erkläre, die ästhetischen Urteile überhaupt sind einzelne Urteile. Sie werden über den einzelnen Gegenstand gefällt. Es handelt sich also um ein besonderes Objekt und zwar um eine Beurteilung, die sicherlich nicht die Konstituierung des Objekts als eines Gegenstandes angeht. Folglich untersteht der Fall dem Herrschaftsgebiet der Urteilskraft. Das ästhetische Urteil ist aber überhaupt kein Urteil der Erkenntnis. Es gründet sich nicht auf einen Begriff vom Gegenstande. Es ist nicht auf die Erlangung eines Begriffs vom Gegenstande gerichtet. Es bleibt gleichsam einzig in dem Urteilenden selber hangen. Hier ist der eigentliche Ausgangspunkt zur Charakteristik seiner Besonderheit. Zugleich der Beweis, daß es etwas schlechterdings Neues sei.

Verfolgen wir, rückblickend auf die Urteile des Verstandes und der Vernunft, diesen Weg, so gewinnen wir einige noch schärfere Bestimmungen. Das ästhetische Urteil ist unabhängig von dem Interesse an der Existenz des Gegenstandes. Existenz ist ein Begriff der Naturerkenntnis. In den allgemeinen Gesetzen des Verstandes erhält die Erscheinung ihre Existenz als Gegenstand. Existenz ist ein Begriff der Ethik. Der reine Wille oder das Sittengesetz soll wirklich sein in dem Objekte des Guten. In beiden Fällen liegt über dem Bewußtsein der Zwang des Realen, des Gesetzes. Es gibt keine Möglichkeit, die Konstituierung des Gegenstandes nicht zu vollziehen. Es wirkt, wenn wir Menschen sein wollen, in unserm Handeln unentrinnbar und als Idee des Sein-Sollens notwendig das Prinzip des sittlichen Gesetzes. Das ist das Interesse, welches das Sittengesetz in seiner Wirkung auf den Menschen mit Notwendigkeit bei sich führt. Wir erwähnen nur kurz das nicht wegzudenkende Interesse an dem sinnlich angenehmen Gegenstand. Kurz, das Eigentümliche des Erkenntnisurteils wie des moralischen ist, daß es aus erzeugenden Begriffen Gegenstände als notwendig setzt. Das Eigentümliche des ästhetischen aber besteht überhaupt nicht in der Beziehung auf den Gegenstand, nicht im Sinne des Erkennens, nicht im Sinne des Handelns. Das bedeutet der Satz,

daß es vom Interesse an der Existenz der Gegenstände unab=
hängig sei.

Einzelne Urteile, ohne Beziehung auf Existenz, doch aber
einem besonderen Gegenstande gegenüber ausgesprochen — die
Charakteristik des ästhetischen Verhaltens, aus dem das ästhetische
Urteil fließt, ergibt sich hiermit nach den bisherigen Forschungen
Kants von selbst. Denn in der Urteilskraft arbeiten nach der
Grundlegung in der „Kritik der reinen Vernunft" Einbildungs=
kraft und Verstand zusammen. Wir befinden uns hier doch immer=
hin bei der Auffassung eines einzelnen besonderen Gegenstandes.
Die beiden sind also sicherlich auch hier im Spiel. Aber es arbeitet
in ihrer Bewegung sich nicht die gesetzlich gegründete Realität des
Gegenstandes heraus. Ihr Spiel ist folglich frei. Das ästhetische
Verhalten ist das freie Spiel von Einbildungskraft und Verstand.
Diese Bestimmung folgt aus dem erkenntniskritischen Ort der Unter=
suchung, folgt aus den erkenntniskritischen Prinzipien Kants, sobald
wir die Besinnung gewonnen, daß es sich hier nicht um die Kon=
stituierung des Gegenstands handeln kann. Jenes freie Spiel aber
kündigt dem ästhetischen Objekt gegenüber sich an durch ein Gefühl
der Lust. Worauf kann sie beruhen? Wir wagen die Antwort: da
wir uns doch einem Gegenstande gegenüber befinden, vielleicht darauf,
daß unabsichtlich in jenem Spiel einer der wesentlichen Zwecke des
Menschen erreicht wird. Ohne daß wir auf Erkenntnis zielen, tritt
mit dem besonderen ästhetischen Objekt in jenem freien Spiele der
Zustand ein, in dem alle Erkenntnis sich vollendet, der Zustand der
Einhelligkeit von Einbildungskraft und Verstand. Das ästhetische
Verhalten ist seinem Wesen nach zweckmäßig für die Erkenntnis
der Objekte überhaupt.

Ich unterdrücke im folgenden die allzu spezialisierende Be=
zeichnung des ästhetischen Gefühls als eines Gefühls der Lust. Auch
das ist bei Kant ein Stück überkommener psychologischer Termino=
logie. Wir sagen allein, daß es ein Zustand des Gefühls ist, von
dem wir zu sprechen haben beim ästhetischen Verhalten. Es gilt,
im Geiste Kants aus der Tiefe der Prinzipien herauszuarbeiten,

wie dieses Gefühl steht in der Gesamtbewegung menschlichen Kulturerzeugens, deren Gebiete sind Naturerkenntnis, Sittlichkeit und Kunst.

Nun sehen wir, wie diese ersten Bestimmungen Kants aus seiner systematischen Arbeit entstehen, und welch einen Ertrag die bisher geleistete Arbeit abwirft für den Angriff des neuen Problems. Zugleich erkennen wir die ungemeine Freiheit und Unbefangenheit Kantischen Schaffens im neuen Gebiet.

Denn dieser Begriff der „Erkenntnis der Objekte überhaupt" entsteht wie der des freien Spiels und der Einhelligkeit im freien Spiel von Einbildungskraft und Verstand einzig durch ein scharfes Zu=Ende=Denken des Begriffs der Urteilskraft in dieser neuen Art seiner Erscheinung. Die Urteilskraft ist stets der Mittelbegriff zwischen der Welt der Objekte und dem Geist. Nun weiß Kant, was im gestrengen Begriff philosophischer Methodik überhaupt „Objekt" sein und bedeuten kann. Diese Bedeutung findet nicht statt, wo jede Beziehung auf Begriffe ausgeschlossen. Und doch sind wir im Gebiet der Urteilskraft. Denn es handelt sich um be=sondere Gegenstände. Also bleibt, da jede besondere Beziehung auf Inhalt ausgeschlossen ist, nur die allgemeinste in der Urteilskraft enthaltene Beziehung auf Erkenntnis der Objekte überhaupt zurück. Nur wer die Bedingungen der Erkenntnis so rein gesäubert und sauber erhalten will, kann eine solche Bestimmung schaffen. Es er=hellt in ihr, wie das Ästhetische zugleich als ein besonderer Gegen=stand der Welt der Objekte angehört — die Beziehung zu den Objekten der Natur ist gewahrt —, und wie es als Ästhetisches zugleich ein so ganz anderes ist als die Gesetzlichkeiten des Geistes, in denen die realen Inhalte der Natur entstehen. Der ästhetische Zustand wird erkannt als ein Zustand rein innerlicher Bewegung des Gemüts, aber in seiner Innerlichkeit selbst die Welt der Objekte tragend als That des Geistes. Es ist ein Zustand, in dem der Kraft, der Energie, der formalen, gesetzlichen Anlage nach die Befriedigung vollendeter Erkenntnis des Alls gefühlt wird. So bleiben wir bei diesen Bestimmungen einerseits in dem bereits bewährten Begriff der Systematik und treten doch andererseits fast zugleich in ein ganz Neues hinaus. Es ist bei Kant die Verbindung systematischen Beharrens mit der größten Freiheit des Blicks für die Besonderheit des neuen Problems. Bei dem Manne, der die Inhalte der Natur und der Sittenwelt an ihre gesetzlichen Bedingungen im Geiste gebunden, enthalten diese Bestimmungen geradezu ein Äußerstes der Befreiung für das ästhetische Gebiet.

c. Das ästhetische Verhalten.

Die weiteren Bestimmungen der inneren Charakteristik des ästhetischen Zustandes folgen aus diesen Ansätzen mit unentrinnbarer Konsequenz, alle gleich sehr dem systematischen Orte der Untersuchung — man möchte sagen: spontan — entsprungen und dem neuen Problem in unbefangener Freiheit zugewandt. Die Bemerkung der rein innerlichen Bewegung des Gemüts im ästhetischen Zustand wird durch eine Reihe wertvoller Beobachtungen ausgestattet. Es kommt also nicht auf den Gegenstand, sondern nur auf die Vorstellung des Gegenstandes an. Wichtig ist, was ich aus der Vorstellung in mir selbst mache. Wir würden vielleicht lieber sagen: was aus der Vorstellung in mir wird. Vor allem aber gilt die wesentliche Bemerkung, daß die Erkenntnisvermögen, die im ästhetischen Urteil im Spiele sind, Einbildungskraft und Verstand, sich in ihrem Spiele selber stärken und beleben. Die Bewegung des Gefühls nährt sich aus sich selbst. Wir weilen bei der Betrachtung des Schönen.

Wir müßten nun tiefer hineindringen in diesen seltsamen Zustand des Verweilens in uns selbst, des Verweilens in unserm Gefühl, des in sich selber zweckmäßigen und einhelligen Spiels. Wir nennen die Urteilskraft in ihrem Vorgang der Erzeugung des Gegenstandes der Natur bestimmend, in der Ausbreitung aber über die Fülle der besonderen Erscheinungen, bei denen sie ihr Gesetz erst zu suchen hat, reflektierend. Dann gehört das ästhetische Verhalten, das bei der Auffassung eines besonderen Gegenstandes ins Spiel tritt, der reflektierenden Urteilskraft an. Wir betonen geradezu

diesen Zustand als einen Zustand der Reflexion. Denn was heißt
das? Es heißt, daß es sich nicht handelt um ein zufälliges Spiel
vorübergehender, sinnleerer, unfaßbarer Erregungen. Sondern um
etwas, das Gesetz und Prinzip in sich trägt, ein von der Wissen=
schaft zu fassendes, ein als Grund eigentümlicher Gebilde faßbares
und nachweisbares Gesetz. Etwas, das der reflektierenden Urteils=
kraft angehörig, dieser gewaltigen Vermittlung zwischen den Grund=
gesetzen des Geistes und der Fülle der Welt, — das dieser ange=
hörig in Verbindung steht mit all den reinen Kräften, in denen
die Inhalte der Welt oder die Inhalte der Kultur entstehen. Das
und nichts anderes bedeutet in der Kantischen Ästhetik der so nüchtern
scheinende Begriff der Reflexion: die entschiedene Hinrichtung auf
das Suchen eigentümlicher, begründender, das System vollendender
Prinzipien. Darum muß das Schöne eine Urteilsart sein, wie die
Natur für den philosophischen Systematiker eine Urteilsart ist, wie
das Sittliche für eben diesen eine Urteilsart ist. Kontemplativ ist
der Zustand des Menschen im Gefühl des Schönen, ein Zustand
reiner, freier Betrachtung. Wir glauben den ganzen Sinn des
Kantischen Terminus zu treffen, wenn wir ihn durch den der An=
schauung erklären. In unserer Anschauung hat der schöne Gegen=
stand sein eigentliches Leben. Indem wir ihn anschauen, bewegt
sich unser mitlebendes und im Mitleben schaffendes Gemüt. In
der Bestimmtheit seiner Anschauung selbst wird er uns voll Bedeu=
tung, und diese Bedeutung ist erst er selbst und erklärt uns uns
selbst. Wir denken sie nicht hinzu. Sie ist eins mit ihm. Er
ist der ästhetische Gegenstand erst, da er als Gegenstand in seiner
Bestimmtheit die unausdenkbare Bedeutung trägt. Ein Leben in
der unsäglichsten Nüancierung seiner Eigenheit ausgeprägt. Ein
Leben für sich. Dem eigenen Gesetz entwachsen. Des eigenen Ge=
setzes restlose Erfüllung. Was heißt aber Leben? Kontinuierliche
Reihen vielfacher Bewegung in der Einheit des Selbstzwecks ge=
schlossen. Dieses Leben empfangen und leben wir selbst in unserm
bewegten Inneren mit. Ja, in der Bewegung des Inneren erhält
erst der angeschaute Gegenstand sein Leben. Wir sind das in dieser

Feinheit und Nüancierung sich erfüllende Gesetz. Wir sind der Selbstzweck in dieser unsäglich feinen Ausprägung des besonderen Falls der Natur, in der Anschauung des Gegenstandes der Natur als Menschen vollendet, in der Anschauung der ganze Geist, mit der Einbildungskraft einhellig der Verstand. Der Geist aber als des ganzen Menschenlebens zeugende, wollende, Inhalt setzende Kraft. So innerlich sind die Beziehungen zwischen der Anschauung und dem ästhetischen Gefühl. Aber ein solcher Gehalt ästhetischer Gedanken liegt auch, noch unentfaltet, in dem Kantischen Begriff der ästhetischen Reflexion. Sie ist der Zustand, in dem Einbildungskraft und Verstand einhellig miteinander sich beleben, dieser Zustand innerer Bewegung des Gemüts, zweckmäßig für die Erkenntnis der Objekte überhaupt. Kant erklärt mit diesem Begriff den ästhetischen Zustand der prinzipiellen Ergründung fähig, ohne den ganzen Inhalt des freien Spiels der Gefühle zu übersehen, das bei der Auffassung des besonderen schönen Gegenstandes das eigentlich Ästhetische ist.

Hier begreifen wir die oft wiederholte Bestimmung, daß die bloße Form des Gegenstandes aufgefaßt wird in der ästhetischen Reflexion, eine Bestimmung, die mit den bisher entwickelten Begriffen, ja fast allein schon mit dem streng verstandenen Begriff der Reflexion gegeben ist. Die reflektierende Urteilskraft verwirklicht die Form des Gesetzes in der Fülle der besonderen Erscheinungen der Natur. Die Form des Gesetzes aber — wissen wir von den grundlegenden Erkenntnissen der Kritik — das ist die Realität des Gegenstandes selbst: der Gegenstand in seiner Realität als Erzeugnis des Bewußtseins vergegenwärtigt. Diese Vergegenwärtigung ist das eigentliche Werk der transscendentalen Methode, die Besinnung auf die Bedingungen, unter denen allein die Welt zu fassen als gegründet im Geist. Soll nun die reflektierende Urteilskraft als ästhetische der Prinzipien fähig sein, so muß auch der ästhetische Gegenstand sich fassen lassen als Form. Nun aber besteht ja auch bereits unsere Erkenntnis, daß an den Momenten, die den Gegenstand materiell begründen, ja daß an der Existenz des Gegenstandes als

Gegenstandes im ästhetischen Urteil nichts gelegen ist. Das Spiel der Vorstellung in sich selbst ist das eigentliche ästhetische Phänomen. Aber wenn wir hier nicht reden könnten von Form, so hieße das im Sinne Kants verzichten auf die Durchführung der transzcendentalen Methode, verzichten auf philosophische Erkenntnis. Der Ausdruck ist nach dieser Beziehung ebenso zu verstehen wie der der Reflexion, als ein Erfordernis der Kantischen Systematik. Daß es sich um die Form des Gegenstandes handelt, das heißt, daß es möglich ist, aus einer prinzipiell zu begründenden Gesetzlichkeit abzuleiten, was der Gegenstand als ästhetischer bedeutet. Denn auch in der Ethik besagt die Idee der Form des allgemeinen Gesetzes nur dies, daß aus dem Gesetze sich die ganze Faßbarkeit der sittlichen Erscheinungen in menschlicher Erkenntnis ergibt. Denn die Realität der sittlichen Dinge faßt sich allein aus der Idee des Selbstzwecks, die sie erleuchtet. So muß auch der ästhetische Gegenstand als ästhetischer in systematischem Sinne einzig gefaßt werden als Form. Es muß ein Gesetz geben, als dessen Gebilde einzig der ästhetische Gegenstand für uns, die erkennenden Menschen, zu fassen ist. Die systematische Bedeutung des Terminus „Form" tritt hiermit hervor. Der weitere Verlauf der Untersuchung wird sie bei dieser innerlichen Beziehung zur ganzen Frage der ästhetischen Gesetzlichkeit mit Inhalt erfüllen.

Der Ausdruck der Reflexion bedeutet also für das ästhetische Urteil mit nichten das Hineintragen verstandesmäßiger Elemente, sondern allein das Prinzip der Möglichkeit wissenschaftlicher Begründung. So bedeutet auch der Ausdruck Form nichts weniger als ein Hinwegsehen über den materiellen Gehalt. Auch in ihm steckt nichts als die scharfe Richtung des Blicks auf die Momente, in denen ein Verständnis des Ästhetischen aus seiner eigentümlichen Gesetzlichkeit sich anbahnen läßt. Es entspringt allein der methodischen Besinnung des Begründers des Systems der Philosophie, wenn er von solchen Motiven reiner philosophischer Einsicht erfüllt die Formulierung wagt: daß im ästhetischen Urteil nicht die Lust das Erste sei, sondern die Beurteilung des Gegenstandes. Wohlgemerkt: worauf zielt ein solches Vorher und Nachher? auf den Ansatz der wissenschaftlichen Begründung. Das Gefühl bliebe uns unfaßbar, wenn es uns überfiele und in Besitz nähme mit der ein=deutigen, nur in sich selbst, nur physiologisch weiter erklärlichen Macht des Sinnengefühls. Aber faßbar wird es, wenn in unserer Erkenntnis eine schöpferische Gesetzlichkeit des Geistes es trägt. Es gibt einen Satz, der, gelegentlich sich ergebend und doch in der ganzen Systematik Kants begründet, alle diese gleichgerichteten Motive tiefsinnig zusammenfaßt. Ich meine den Satz, daß in ästhetischen Urteilen die Urteilskraft nicht (wie in den theoretischen) unter ob=jektiven Verstandesbegriffen bloß zu subsumieren hat und unter einem Gesetze steht, sondern ihr selbst subjektiv Gegenstand sowohl als Gesetz ist. Es begegnet eine ähnliche Bestimmung in der Ethik Kants. In der „Grundlegung der Metaphysik der Sitten" wird das Gebot des kategorischen Imperativs dahin bestimmt, alles aus der Maxime seines Willens als eines solchen zu thun, der zugleich sich selbst als allgemein gesetzgebend zum Gegenstande haben könnte. Es gibt keinen Ausdruck, der straffer den ganzen Inhalt des zu erforschenden Gebiets zusammenzieht in der philosophischen begrün=benden Idee. Der Wille hat als allgemein gesetzgebend sich selbst zum Gegenstande. Er hat sich selber zu verwirklichen als allge=meines Gesetz. Das Sittengesetz verwirklicht als die einzige Rea=lität der Welt, das ist das ganze Ziel alles menschlichen Strebens, das Ziel, das wir auch Freiheit oder das Reich der Selbstzwecke nennen. Alle einzelnen Inhalte der Welt sind dann nur Erschei=nungen des sittlichen Gesetzes, sind gleichsam erfüllt von sittlicher Energie, als noch fortwirkende Bewegungen des reinen sittlichen Willens befaßt in dem allgemeinen Reiche des herrschenden Gesetzes der Freiheit. So wird die Idee des reinen Willens, die Idee, daß der Mensch als Selbstzweck zu handeln hat, die Idee der Frei=heit gefaßt als die alle Inhalte der Welt für den Menschen erzeu=gende Kraft: der ergreifendste Ausdruck der erhabenen, auf sich selber beruhenden Gesetzlichkeit des sittlichen Willens. Er ist in sich selbst Gesetz und aller Gegenstand der Welt. Er ruht als Selbst=

zweck auf sich selbst. — Und fast noch philosophisch besonnener scheint es uns, wenn es von der ästhetischen Urteilskraft heißt, daß sie sich selber Gegenstand und Gesetz sei. Nicht der ästhetische Gegenstand, der außer ihr steht, ist ihre eigentümliche Realität. Diese ist allein in der inneren Bewegung des Spiels der Gefühle, in der Art, wie die Anschauung in der inneren Bewegung des Gemüts ihr Leben erhält. Es führt auch hier die philosophische Besinnung uns in den Muttergrund des Gemütes als in die eigentliche Realität zurück, in das Spiel der ästhetischen Empfäng= lichkeit, ohne die der schöne Gegenstand nicht ist, nicht als ästhe= tischer ist. Hier gehen wir den zeugenden Faktoren des Geistes nach, dem Gesetz, in dessen Bewegung die ästhetische Realität ent= steht. Auch hier muß zuletzt die ganze Welt der ästhetischen Gegen= stände sich philosophisch ergründen lassen als Erscheinung und Er= zeugnis einer eigentümlichen geistigen Bewegung. Ja, wie die Sittlichkeit als Erzeugerin der Inhalte der Welt für den Menschen am Ende zu denken ist als die einzige Realität der Welt, so mag auch die ganze Welt im Spiel des Gemüts zum zweiten Mal sich schaffen lassen als ästhetisches Objekt. Die endlosen Reihen der Dinge schweben als reine künstlerische Anschauungen noch einmal neu gebunden, neu beseelt im ästhetischen Empfangen. Mit solcher Energie zieht jener Satz die ganze Welt des Ästhetischen zusammen in ihre philosophisch faßbare, ihre eigentliche Realität, im mensch= lichen Gemüt. Und wie bei dem reinen Willen die Gegenstände des sittlichen Bildens bei einer solchen Bestimmung nicht verschwan= den, sondern nur auf das strengste gefaßt wurden in dem, worin sie Gegenstände des sittlichen Willens sind, so verschwinden auch hier die ästhetischen Gegenstände nicht, sondern werden ebenso in dem gefaßt, worin sie ästhetische Gegenstände sind. In einem sol= chen Satze vollendet und schließt sich die Lehre von der ästhetischen Urteilskraft. Er erteilt ihr mit zweifelloser Sicherheit in eigenem Gebiete die Selbständigkeit und das Herrenrecht. Als ein Selbst= zweck ruht auch sie in diesem Gebiete auf sich selbst, eigentümlicher Gegenstände eigentümliches zeugendes Gesetz. Die Philosophie ent=

deckt mit ihrer Charakteristik ein neues Gebiet, eine aus neuem
Gesetze sich bildende neue Natur. Um so lohnender die Mühe, sie
in der Verwaltung ihres Gebietes immer genauer und schärfer zu
erfassen, und, wenn sie uns schon hervorging aus der Auffassung
der besonderen Objekte der Natur, die Beziehung immer sicherer zu
greifen, in der sie zu den anderen Gesetzen, denen der Natur und
der Sittlichkeit, steht.

d. Der Geschmack.

Jedenfalls ergibt sich jetzt mit Bestimmtheit, was wir als
das Eigentümliche des Geschmacks, des ästhetischen Verhaltens zu
betrachten haben. Es ist kein objektives Prinzip des Geschmacks
möglich. Objektive Prinzipien finden sich allein im Gebiete des
Erkennens und der sittlichen Beurteilung. Wenn ich den Begriff
eines Gegenstandes abgeleitet aus den allgemeinen Gesetzen des
Verstandes, so habe ich ihn begründet in den objektiven Prinzipien
der Erkenntnis. Wenn ich eine Aufgabe menschlichen Handelns
hergeleitet aus der Form des allgemeinen Gesetzes, wenn ich in ihr
ein notwendiges Erfordernis erkannt, damit die Menschheit als
Selbstzweck bestehe, so habe ich sie begründet in den objektiven
Prinzipien der Sittlichkeit. Aber in dem ästhetischen Urteil wird
ja allein die Vorstellung des Gegenstandes auf das Subjekt bezogen.
Es ist nicht auf Begriffe gegründet. Es zielt nicht auf Begriffe
hin. Es fehlen alle Möglichkeiten der Aufstellung, alle Bedingungen
der Anwendbarkeit eines objektiven Prinzips. Heißt dies, daß das
ästhetische Urteil schwankt in dem unkontrollierbaren Reiche der
Subjektivität? Man könnte diesen Schluß nur ziehen, wenn man
die gesamte Kantische Bearbeitung der Ästhetik bis zu diesem Punkt
vergessen hätte. Was sucht er denn anders als die allgemeine
Gesetzlichkeit des ästhetischen Verhaltens, als den in Prinzipien faß=
baren Grund des eigentümlichen Spiels der ästhetischen Gefühle?
Aber dieser Grund ist allein in der inneren Bewegung des Sub=
jekts, in dem Spiel der Urteilskraft, die ihr selber Gegenstand und
Gesetz ist. Kant fordert selbst die kritische Bemühung auf, Nach=

forschungen anzustellen über die Erkenntnisvermögen und deren Geschäfte, und mahnt, die wechselseitige subjektive Zweckmäßigkeit, das wechselseitige Verhältnis der Einbildungskraft und des Verstandes in der gegebenen Vorstellung unter Regeln zu bringen und in Ansehung ihrer Bedingungen zu bestimmen. Es gibt, wenn auch in Kantischen Terminis gefaßt, keine richtigere Bestimmung des kritischen ästhetischen Geschäfts. Im Spiele unseres Gefühles leben wir den ästhetischen Gegenstand mit oder richtiger: leben ihn aus. Dann treten die Fragen des ästhetischen Urteils hervor. Ist die Anschauung rein vollendet? blieb keine Spur des zufälligen Stoffes, keine Spur der willkürlichen Subjektivität des schaffenden Künstlers zurück? Wir nehmen den Standpunkt der Beurteilung in dem Werke selbst und seinem Gesetz. Wir begreifen es in seiner Bedingung, des Künstlers schaffender Persönlichkeit. Wir vollenden es in unserm Gefühl, in dem die Anschauung sich bewegt, die hier mitlebend, verarbeitend, durchdringend in aufsaugendem Verständnis all unseres geistigen Erfahrens Blüte ist. Aber zu Ende kommt dieser Prozeß des Beurteilens nicht. Das in der Anschauung mitverstehende Gefühl erfrischt sich in jeder Berührung mit dem im lebendigen Gefühl des Künstlers ausgetragenen und vollendeten Werk. Das nüancierte Mitgefühl ist des Zustandes ganzer und eigentlicher Kern. Unsere Beurteilung geht auf nichts als auf die Art, in der an dem Werk der Vorgang der schaffenden Bewegung erscheint, auf nichts also auch als auf das Spiel der Bewegungen des Gemüts, in dem wir das Werk empfangen. Nach diesen beiden Seiten blickend, den Mittelpunkt der Kraft für unser Urteil besitzend in dem nüancierten Gefühl, entwickeln wir das Werk als eine aus eigenem Gesetz gebildete lebendige Welt.

So sehr es aber bei dem ästhetischen Verhalten einzig um Gefühle sich handelt, das Ergebnis ästhetischer Reflexion oder Anschauung, so sind doch diese Gefühle von dem Bewußtsein der Allgemeingültigkeit begleitet. Wir sinnen unser Urteil, daß etwas schön sei, in dem wir durch keine Begriffe oder Grundsätze uns bestimmen lassen, doch einem jeden als notwendig an. Wir verfahren in unserm Urteil, als könnte es nur Einen Geschmack geben. Wir postulieren in ihm einen ästhetischen Gemeinsinn, der gleichsam die Idee ist, unter der oder von der aus das ästhetische Urteil in seiner Notwendigkeit erfolgt. Es ist also eigentlich auch die allgemeine Mitteilbarkeit der Gefühle, durch welche die ästhetischen Gefühle von allen andern sich unterscheiden, durch welche sie als ein besonderes Problem der Transscendentalphilosophie unsere Arbeit herausfordern. Der Geschmack ist das Vermögen, die Mitteilbarkeit der Gefühle, welche mit gegebener Vorstellung (ohne Vermittlung eines Begriffs) verbunden sind, a priori zu beurteilen.

Diese Sätze zu widerlegen durch den Hinweis auf die zweifellose Verschiedenheit und Unvereinbarkeit der ästhetischen Urteile wie auch vielleicht auf die Beruhigung des wahrhaft Schönheitsinnigen in sich selbst, dem das Bedürfnis der Übertragung und anderweiter Anerkennung fehlt, — das hieße das ganze Motiv der Kantischen Untersuchung übersehen. Der reine Geschmack, der in solchen Sätzen postuliert wird, ist zunächst wie der reine Verstand und wie der reine Wille eine bloße Idee. Sie deutet auf die besondere Gesetzlichkeit jedes dieser Gebiete in ihrer idealen Durchführung. Wenn das Ganze der Natur vergegenwärtigt wäre als Erscheinungsweise des Systems der allgemeinen Gesetze des Verstandes, so wäre die dieses Ergebnis enthaltende Wissenschaft der reine Verstand. Der reine Wille ist das Sittengesetz, wie es im menschlichen Handeln die reine Idee der als Selbstzweck bestehenden Menschheit verwirklicht. So zielt auch die Idee des ästhetischen Gemeinsinns auf die im reinen ästhetischen Urteile enthaltene Kraft des Gesetzes für alle, der Notwendigkeit und Allgemeingültigkeit. Erweisen sich die ästhetischen Urteile als in eigener Gesetzlichkeit notwendig gegründet, so fordern sie wie ein Korrelat in der menschlichen Seele, der sie entstammen, die Idee des Gemeinsinns, in dem sie alle befaßt sind, — einerseits um ihnen ein Heimatsgebiet in der menschlichen Seele zu schaffen, andererseits um herauszubringen, daß in ihnen eine an der menschlichen Gesellschaft mitarbeitende, eine Kultur schaffende Kraft steckt. Auch das a priori deutet ja auf nichts

3*

mehr als auf ein ursprüngliches und eigenes Gesetz des Urteilens und Bildens, das in allen empirischen Einzelfällen als das Moment zu betrachten ist, mit dem sie wissenschaftlich faßbar sind. Mögen nun die ästhetischen Urteile in der empirischen Wirklichkeit schwanken und auseinandergehen, es gibt in ihnen allen ein Element ästhe= tischer Begründung, es gibt endlich zum Grunde der Beurteilung aller einzelnen ästhetischen Urteile auf ihren Wert die Idee des Gemeinsinns, in der das rein Ästhetische alles ästhetischen Empfindens befaßt ist, und in der alle einzelnen ästhetischen Gefühle, ihrer Geltung gewiß, innerlich begründet zusammenstimmen. In der That aber treffen die Festsetzungen Kants, bei denen man spürt, wie er alle ein prinzipielles Fassen des Problems ermöglichenden Momente hervorheben will, die Bedeutung des Geschmacks mit seltener Genauigkeit. Denn nichts anderes besagt das Wort Ge= schmack oder künstlerisches Empfinden und ästhetische Bildung, als daß eben die Gefühle bei der Anschauung des ästhetischen Gegen= standes sich in uns lösen, mit denen er in seinem ganzen eigen= tümlichen Leben geweckt wird wie ein Wiederschein und ein Ab= fließen unseres eigenen, in der Anschauung befaßten Lebens. Das ästhetische Verhalten ist das spezifische, aufs äußerste nüancierte Gefühl, das in, bei und mit der ästhetischen Anschauung sich löst. Eine umfassendere Bestimmung des Geschmacks aber gibt es kaum als diese, daß er das Vermögen sei, die allgemeine Mitteilbarkeit unserer Gefühle zu beurteilen. Der Zusatz a priori schärft dabei noch das Beurteilen einzig aus ästhetischer Gesetzlichkeit ein. Denn wenn die Gefühle sich uns bei der Anschauung lösen, wie wir soeben gesagt, so sind wir auch imstande, ihr Recht auf allgemeine Mitteilbarkeit darzulegen. Wir verstehen das künstlerische Werk aus seiner erzeugenden Form. Wir schauen wiederum von uns aus das Stück Bewegung des Gemütes der Menschheit, das in dieser geschauten Welt vom Künstler aus sein Leben gewann. Unser Empfinden, aus unserer ganzen Menschheit hergeleitet, ist das rein ästhetische Empfinden des Werkes, ist in sich Verwirklichung des ästhetischen Gemeinsinnes, folglich ist es auch allgemein mitteilbar.

Ja wenn es auch möglich wäre, daß eine andere Zeit in anders nüanciertem ästhetischen Gefühl das Werk zu künstlerischem Leben erweckt und es doch ebenso lebendig anschaut und empfindet wie wir, wenn auch neben uns in einem ebenso künstlerisch rein gestimmten Gemüt die künstlerische Anschauung sich anders tränkte mit der Farbe des Gefühls, doch sind alle Urteile, solcher Empfindung entstammt, so verschieden immer, Verwirklichungen des ästhetischen Gemeinsinnes, der nicht eindeutig starr, sondern in ewiger Bewegung ist wie die Menschheit selbst, nur darin in sich unveränderlich, daß er allein die rein ästhetischen Urteile in sich begreift. Das ist der Umkreis, in dem die allgemeine Mitteilbarkeit der Gefühle gilt. Dieser Begriff ist völlig erst zu fassen durch die ausschließende Grenze seiner Gültigkeit. Er schließt aus, was dem Ästhetischen fremde Elemente dem ästhetischen Urteil beimengt. Die Gewähr und das Recht der allgemeinen Mitteilbarkeit haben rein ästhetisch gegründete Gefühle.

Es springt bei all diesen Erörterungen der ganze Inhalt wahrhaft ästhetischen Wissens aus den Kantischen Seiten heraus. Wir sind auch der inneren Begründung seiner Termini im System genügend nachgegangen, um nicht zu verzagen, wenn wir die Deduktion der Allgemeingültigkeit der ästhetischen Urteile nicht eben überzeugend finden können. Wir kennen die Entstehung des Begriffs vom einhelligen Spiel der Einbildungskraft und des Verstandes. Wir wissen, wie sich dieser Gedanke von der Zweckmäßigkeit des Gemütszustandes für die Erkenntnis der Objekte überhaupt auch im rein ästhetischen Sinne fruchtbar erwiesen hat. Treibt doch in ihm schon die Anschauung von der Urteilskraft, die ihr selber Gegenstand und Gesetz ist. Wir lehnen um so eher, in der Zuversicht weiteren kommenden Gewinns, die Begründung ab: die ästhetischen Urteile könnten darum als gültig für jedermann auftreten, weil die Zusammenstimmung von Einbildungskraft und Verstand zu jeder Erkenntnis notwendig sei, die Bedingungen also des ästhetischen Urteils oder der Gemütszustand, in dem es entsteht, in jeder Intelligenz sich finden müssen. Die eigentümliche ästhetische Gesetzlichkeit ist in einer solchen Aufstellung gar nicht berührt. Diese ist, wenn wir es

scharf bezeichnen wollen, eigentlich nichts als ein unmethodisches
Anhalten der Abstraktion, noch ehe sie sich mit dem neuen Inhalt
des ästhetischen Gebietes erfüllt hat. Denn die Bestimmungen für
die ästhetische Urteilskraft ergaben sich aus der Überlegung, daß
es sich doch um einzelne Gegenstände im ästhetischen Urteil handelt,
diese aber nicht den objektiven Prinzipien der Erkenntnis zugeführt
werden sollen. Das Ziel kann also nirgends anders sein als in
der völligen Charakteristik gerade der ästhetischen Gesetzlichkeit. Nun
soll dennoch in einer Bestimmung vom Erkenntnisgebiete her der
Grund der Allgemeingültigkeit gefunden werden. Eigentlich kommt
das einer petitio principii gleich. Denn der Gang der Untersuchung lehrt, daß Kant voraussetzt: die Eigentümlichkeiten der
ästhetischen Urteilskraft müssen Beziehungen aufweisen zu der Urteilskraft, welche die besonderen Gegenstände zu erfassen hat, gerade
aus dem Grunde, weil auch den ästhetischen ein Bewußtsein der
Allgemeingültigkeit innewohnt. Jetzt wird wie aus einem Resultat,
aus der Thatsache der Beziehung zu den Bedingungen der besonderen Erkenntnis das Recht der ästhetischen Urteile auf Allgemeingültigkeit geschlossen. Hier ist offenkundig eine Stelle, an der sich
der Entwurf der Untersuchung aus der Vergegenwärtigung der
Bedingungen der Erkenntnisurteile heraus als ein zu eng gefaßter
Rahmen erweist.

e. Kurzer Überblick der noch folgenden Untersuchungen.

Nachdem bisher das ästhetische Verhalten allein charakterisiert
ist, bleibt nun die Kantische Lehre von dem Inhalt des Ästhetischen,
von den Gegenständen des Schönen und von der Kunst zu entwickeln.
Dies führt auf seine Lehre vom Genie, mit welcher der zunächst
tiefste Punkt der Untersuchung erreicht ist. Die Versuche, das Wesen
des ästhetischen Gegenstandes zu fassen, gipfeln in der Idee des
Symbols. In diesem Zusammenhange wird es notwendig, den
zentralen ästhetischen Begriff der Anschauung als einen bei Kant
angelegten, nicht genügend entwickelten, jedoch seine eigene Gedankenführung zur Vollendung bringenden zu präzisieren. Am Ende bleibt

nur noch übrig, einige der Systematik Kants entspringende For=
mulierungen nach ihrer genauen Bedeutung zu erklären.

Wenn demnach dem philosophischen Genie Kants im Verfolg
eines wesentlich logischen Interesses die Charakteristik der ästhetischen
Urteile und die Auffindung des Prinzips der Ästhetik gelang, so
ist es als ein seltenes Glück der historischen Fügung zu betrachten,
daß ein Künstler von diesen Gedanken ergriffen ward und mit einer
außerordentlichen Verbindung von sittlicher Energie und praktischem
Kunstverstande alles herausbrachte, was an ihnen von ästhetischer
Fruchtbarkeit zu gewinnen war. Sein zentrales Interesse kann
dahin bestimmt werden: er sucht die Sphäre der Bedeutung des
Ästhetischen im menschlichen Leben zu erkennen. Aus diesem Inter=
esse erklärt sich der Zusammenhang der theoretischen Bestrebungen
in seinem Geist ebenso sehr wie die Fassung der prinzipiellen
Grundbegriffe. Es wird von hier aus versucht, sein Verhältnis zu
Kant und seine philosophische Entwicklung in den Grundfragen fest=
zustellen. Er ist der große systematisch geschulte und ethisch inter=
essierte Psycholog, der die Bedeutung des künstlerischen Bestandteils
im gesamten Leben der Menschen zu entdecken geboren war.